AF483020

TRAITÉ

ENTRE

LE ROI

ET

LE ROI DE SARDAIGNE,

Conclu à Turin le 24 Mars 1760.

A PARIS,

DE L'IMPRIMERIE ROYALE.

M. DCCLX.

LOUIS, PAR LA GRACE DE DIEU, ROI DE FRANCE ET DE NAVARRE: A tous ceux qui ces préfentes lettres verront, SALUT. Comme notre cher & bien amé le fieur François-Claude Marquis DE CHAUVELIN, Lieutenant général de nos armées, Commandeur & Grand-croix de notre Ordre royal & militaire de St Louis, Maître de notre garde-robe, & notre Ambaffadeur auprès de notre très-cher & très-amé Frère & Oncle le Roi de Sardaigne, auroit, en vertu des plein-pouvoirs que nous lui en avons donnés, conclu, arrêté & figné, le 24 du mois de mars dernier, avec le Chevalier Dom JOSEPH OSSORIO, Miniftre de notredit Frère & Oncle, & fon Secrétaire d'État pour les affaires étrangères, pareillement muni de plein-pouvoirs, le traité & l'article féparé qui y eft joint, concernant un arrangement général & définitif par rapport aux limites des deux États, & à quelques autres objets ; & lefdits Miniftres plénipotentiaires ayant ftipulé que le procès verbal figné

A

à Turin, le 29 mai dernier, par le S.ʳ PIERRE BOURCET, Maréchal de nos camps & armées, Directeur général des places de notre province de Dauphiné, & notre Commiſſaire principal; & par le S.ʳ JEAN-JOSEPH Baron de FONCET, Conſeiller d'Etat de notredit Frère & Oncle, & ſon Commiſſaire principal, feroit corps avec ledit traité, ſigné le 24 mars précédent, & auroit la même force & valeur que s'il y étoit inſéré mot à mot; deſquels traité, article ſéparé & procès verbal la teneur s'enſuit.

Au nom de la Très-Sainte & indiviſible Trinité, Père, Fils & Saint-Eſprit. Ainſi ſoit-il.

LES différens Traités qui ont été conclus ci-devant entre la Cour de France & celle de Turin, & nommément celui de Lyon, n'ayant pas fixé d'une manière aſſez préciſe les limites des deux États; pour prévenir toutes diſcuſſions à cet égard, Sa Majeſté Très-Chrétienne & Sa Majeſté le Roi de Sardaigne ont vû avec une égale peine les différends qui ſe ſont élevés de temps en temps entre leurs Sujets, & qui ont même quelquefois occaſionné des voies de fait, auſſi contraires à l'intention de Leurs Majeſtés, qu'aux liens du ſang & de l'amitié qui les uniſſent, & à la parfaite intelligence qu'Elles deſirent de maintenir & de perpétuer entre les peuples ſoûmis à leur domination. Dans cette vûe le Roi Très-Chrétien & le Roi de Sardaigne, animés des mêmes ſentimens, ont jugé que rien ne pouvoit plus efficacement remplir un ſi ſalutaire objet, qu'une fixation exacte, générale & définitive des limites qui devront deſormais ſéparer leurs États & pays reſpectifs, laquelle, autant que la ſituation du terrein pourroit le permettre, feroit établie par le cours des rivières, ou par les eaux pendantes, & aidée au beſoin par un redreſſement, ou un échange des différentes enclaves qui, au préjudice des communications & de l'intérêt des Sujets refpectifs, fe trouvoient dans les limites entre la Provence & le comté de Nice; & pour ne laiffer rien en arrière de tout ce qui feroit propre à établir & perpétuer entre les Sujets refpectifs l'union & la correfpondance la plus parfaite, les deux Souverains ont également cru qu'il étoit bon d'ajoûter à cette fixation de limites, tout ce qui pouvoit conduire à un point de vûe fi digne de leur attention. Leurs Majeftés ont pris, en conféquence, la réfolution de faire lever, par des Ingénieurs & des Géographes fubordonnés aux Commiffaires principaux qu'Elles avoient choifis, des plans exacts des territoires dont la propriété devoit être réglée, ou qui devoient être échangées entre les deux Souverains; & n'ayant rien de plus à cœur que de convenir de tous les arrangemens, partages, ceffions & échanges néceffaires pour confommer un ouvrage auffi conforme à leur inclination, qu'au repos & au bonheur de leurs Sujets, Elles ont, pour cet effet, ordonné à leurs Miniftres refpectifs, favoir, Sa Majefté Très - Chrétienne au feigneur François-Claude Marquis de CHAUVELIN, Lieutenant général de fes armées, Commandeur & Grand - croix de fon Ordre royal & militaire de Saint-Louis, Maître de fa garde-robe, & fon Ambaffadeur auprès de Sa Majefté le Roi de Sardaigne: Et Sa Majefté le Roi de Sardaigne au feigneur Chevalier Dom JOSEPH OSSORIO, fon Miniftre & premier Secrétaire d'État pour les affaires étrangères, de conférer & de convenir entre eux, & en vertu de leurs plein-pouvoirs, des articles du traité à conclurre; & lefdits Miniftres, après avoir difcuté la matière, & s'être réciproquement communiqués leurs plein - pouvoirs, ont conclu & arrêté les articles fuivans.

ARTICLE PREMIER.

LE Rhône formant deformais, par le milieu de fon plus grand cours, une limite naturelle & fans enclave entre la France & la Savoie, depuis la banlieue de Genève jufqu'au confluent du Guyer, la ville de Chefery avec fes appartenances, depuis le pont de Grefin jufqu'aux confins de la Franche - Comté, fera incorporée au Royaume de France: Et tout ce que cette

Couronne possède sur la rive gauche du même fleuve, consistant
dans une portion de la vallée de Seiffel, avec les côtes &
hameaux qui en dépendent, & dans les lieux & villages d'Aire-
la-ville, Pont-d'Arlod, Chanaz, la Balme de Pierre-Châtel,
avec leurs territoires, sera réciproquement réuni à la Savoie;
en conséquence de cet arrangement Sa Majesté Très-Chrétienne déroge à la clause du traité de Lyon de 1601, qui
laissoit à la France la propriété de tout le cours du Rhône,
depuis la sortie de ce fleuve du territoire de Genève jusqu'au
confluent du Guyer.

A R T.   I I.

DEPUIS le confluent du Guyer, la limitation remontera,
par le milieu du lit principal de cette rivière, jusqu'à la source
du Guyer-vif, Sa Majesté le Roi de Sardaigne renonçant, pour
cet effet, à tout droit ou prétention quelconque sur la totalité
de cette rivière, ainsi que sur le territoire de l'entre-deux Guyers
& de la grande Chartreuse.

A R T.   I I I.

LE Guyer sera assujéti, à frais communs, à couler sous le
pont de Saint-Genis, suivant la direction la plus naturelle &
la moins préjudiciable aux bords.

A R T.   I V.

DÈS la source du Guyer-vif, la limitation continuera par
la sommité des montagnes de l'Harpête & de Granier, jusqu'à
la croix du col du Fraine, d'où elle descendra, de la manière
la plus régulière, aux sources du ruisseau de Glandon, qui fera
successivement la limite jusqu'à l'Isère, que l'on suivra jusqu'à
l'extrémité supérieure du rideau qui est au bas de la forêt de
Servette, au dessous du village d'Hauterive.

A R T.   V.

DE-LÀ, traversant l'Isère, l'on tirera une ligne droite au
travers de la plaine de Villard-Benoît, jusqu'au petit vallon qui
en laissant le couvent des Augustins du côté de France, se

dirige par le mas des vignes entre la hauteur du château de Beauregard, qui reſtera dans la partie de Savoie, & celle qui ſe trouve vis-à-vis, du côté du Dauphiné, juſqu'au torrent de Breda, au deſſous du pont des Gorges, ainſi qu'il ſera plus particulièrement détaillé par les cartes & verbaux de la limitation.

A r t. V I.

L a limitation remontera enſuite, comme ci-devant, juſqu'à la ſource de la partie de Breda qui, dès la montagne du Charnier, coule le long du vallon de Saint-Hugon, & par ce moyen la paroiſſe de la Chapelle-blanche, avec la portion de Villard-Benoît renfermée dans ces limites, ſera incorporée à la Savoie.

A r t. V I I.

D e p u i s la ſource de Breda, la limitation actuelle entre le Dauphiné & la Maurienne ſubſiſtera, de même que celle qui par l'article I V du traité d'Utrecht, & par la convention du 4 avril 1718, eſt établie par les hautes Alpes, entre le Piémont & le Dauphiné, & ſucceſſivement entre la vallée de Barcelonette & celle d'Entraunas dans la comté de Nice, juſqu'à la montagne de l'Encombrette; & pour aſſurer toûjours mieux cette limitation, les bornes caduques ou manquantes dans toute cette étendue ſeront reconnues, réparées ou établies au beſoin, ainſi qu'il ſera jugé plus convenable par les Commiſſaires chargés de l'exécution de ce traité.

A r t. V I I I.

D e la cime de l'Encombrette, la limitation ſuivra par la ſommité des montagnes juſqu'à la croix du col des Champs; & remontant à la pointe de la Pelonière, elle continuera enſuite par les hauteurs juſqu'à la cime de Forciau, d'où tirant par l'arête de Pera-groſſa, elle prendra & deſcendra enſuite par la crête qui domine la rive droite du vallon de Dalvis juſqu'au Var, vis-à-vis l'embouchûre du ruiſſeau du vallon de Saint-Léger, ſoit du rio du moulin, qu'elle remontera juſqu'auprès

de la croix de la Colle, & de-là jufqu'à la pointe du rocher
d'Urban, d'où elle continuera par les crêtes jufqu'à la cime
du Rivet, pour tirer droit au ruiffeau du vallon de Parcatte,
qu'elle fuivra jufqu'au Var.

A r t. I X.

D u ruiffeau du vallon de Parcatte, la limitation defcendra
par le Var jufqu'au vallon de Valcroue, qu'elle remontera enfuite, & fucceffivement celui de Gourdan jufqu'à la hauteur la
plus convenable, pour aboutir par le col de Rigaudon à la
fource du ruiffeau du vallon de Saint-Pierre, qui formera la
limite jufqu'au ruiffeau de Riolan, lequel divifera enfuite les
deux États jufqu'à fon confluent dans l'Efteron, qui dès ce
point jufqu'à fon embouchûre dans le Var, fera mi - parti,
comme le Var le fera auffi depuis le confluent de l'Efteron
jufqu'à la mer; ce fyftème de mi-partition devant généralement
avoir lieu pour toutes les portions de fleuves, rivières, ruif-
feaux, iffes, ponts, vallons, cols & fommités qui reftent ou
deviennent limitrophes par ce règlement de limites, & ces
ponts feront divifés par des bornes ou des poteaux placés dans
le centre, au revers defquels feront mifes d'un côté les armes
de France, & de l'autre celles de Savoie.

A r t. X.

P a r le difpofitif de l'article précédent, la Provence acquiert
les terres de Gattieras, Dos-fraires (avec les jurifdictions qui
en dépendent), Boyon, Ferres, Confegudes, Aiglum &
portion du village de Rocafteron, & d'autres territoires qui,
pour la régularité de la limitation, ont été renfermés dans la
ligne convenue; & la comté de Nice acquiert de fon côté la
ville & territoire de Guilleaume, avec les terres de Dalvis,
Auvare, Saint-Léger, la Croix, Puget-de-Roftan, Quebris,
(y compris la jurifdiction de Saumelongue), Saint - Antonin
& la Penne, avec la portion de Saint - Pierre & des territoires voifins renfermés dans cette limitation, & ces terres
ainfi échangées, pafferont à la province à laquelle·elles font

réciproquement unies, libres & exemptes des charges & dettes, tant de l'État, que de la province dont elles font refpectivement démembrées.

A r t. X I.

Le château de Guilleaume fera démantelé; on en détruira les ouvrages de fortifications anciennes & modernes, fans toucher aux ouvrages & bâtimens civils, & l'on en retirera toutes les munitions de guerre & effets concernant l'artillerie & les fortifications.

A r t. X I I.

La navigation du Rhône, dans la partie qui fera la limite des deux États, fera entièrement libre aux fujets des deux Puiffances, fans qu'elles puiffent exiger de part & d'autre aucun droit ou impôt pour la navigation, ou pour le paffage de ce fleuve, de même que des autres rivières qui, par le préfent règlement de limites, fe trouveront mi-parties.

A r t. X I I I.

Pour ne point gêner la liberté de cette navigation, l'on ne fera de part & d'autre aucun ouvrage qui puiffe y être contraire ou embarraffer le tirage, lequel pourra fe prendre fans difficulté & fans affectation fur la rive qui en fera plus commodément fufceptible, fuivant la difpofition du terrein & des eaux.

A r t. X I V.

Pour arrêter la contrebande que la rapidité du Rhône pourroit faciliter, il fera également libre aux deux Souverains d'établir une patache ou barque armée, fur laquelle des Employés des fermes ou gabelles refpectives auront droit d'obliger les Patrons qui navigeront fur ce fleuve, d'amener leurs bâtimens, & de fe foûmettre à la vifite.

A r t. X V.

Les ceffions & échanges portés par ce règlement de limites, comprendront, fans exception ni réferve, tous droits de

ſouveraineté, régale & autres qui peuvent concerner les choſes
réciproquement cédées, ſans préjudice toutefois des droits des
communautés, des vaſſaux ou des particuliers, auxquels l'on
n'entend donner atteinte ; & pour établir & perpétuer entre
les ſujets reſpectifs l'union que les deux Cours ont particulièrement en vûe, elles prendront les meſures les plus convenables, pour faire terminer de concert les conteſtations des
communaux, pâturages & autres qui exiſtent entre eux, de
même que celles qui pourroient s'élever à l'occaſion de cet
arrangement de limites.

A r t. X V I.

Les titres & documens qui peuvent regarder ces mêmes
ceſſions, ſeront remis de part & d'autre de bonne foi dans le
terme de ſix mois, & l'on en fera de même par rapport à ceux
des pays échangés par les traités d'Utrecht, de Lyon & autres
précédens.

A r t. X V I I.

L'Abbaye de Cheſeri, ſituée dans la vallée de ce nom, au
moment qu'elle deviendra vacante, ſera, à la réquiſition des
deux Rois, unie à perpétuité à la manſe épiſcopale de l'évêque
de Genève, avec tous les droits, revenus & juriſdictions qui en
dépendent, conformément à l'accord fait à ce ſujet entre l'Abbé
Moderne & les Religieux de cette Abbaye, en l'année 1753.

A r t. X V I I I.

Les ſujets des deux Cours continueront à jouir réciproquement & ſans aucune difficulté, des biens & droits quelconques
qui leur appartiennent dans les États de l'autre, avec liberté
d'en extraire les fruits en provenant, ſans être aſſujétis au payement d'aucun droit pour ce regard, mais ſeulement aux précautions néceſſaires pour prévenir les abus, toutefois ſans frais
ni angaries.

A r t. X I X.

Pour ſe prêter au beſoin du diſtrict de la femine en
Genevois

Genevois & des communautés circonvoifines, Sa Majefté Très-Chrétienne, confent qu'elles puiffent extraire du Bugey & Valromey (toutefois hors du cas de propre néceffité), jufqu'à la quantité de quinze mille facs de bled par année, les deux faifant la charge de mulet, fans payement d'aucun droit de fortie ou autres, & cette extraction fe fera de la manière & avec les précautions qui feront concertées entre les Intendans de Bourgogne & de Savoie, pour prévenir tout abus & inconvénient.

A r t. X X.

La Nobleffe des provinces de Breffe, Bugey, Valromey & Gex, continuera à jouir, en tant qu'elle fera domiciliée dans les États de Sa Majefté Très-Chrétienne, de l'exemption de toutes tailles & autres impofitions ordinaires & extraordinaires, réelles, perfonnelles ou mixtes pour les biens qui lui appartiennent en propriété dans le duché de Savoie, & qu'elle poffède en furféance dès la peréquation de 1738, & la même exemption aura réciproquement lieu, aux mêmes termes & conditions, en faveur de la Nobleffe de Savoie, pour les biens qu'elle poffède dès la même année dans les provinces fufdites.

La même réciprocité d'exemption aura auffi lieu aux conditions fufdites en faveur de la Nobleffe des terres refpectivement échangées par le préfent Traité, & pour les biens qu'elle poffède en franchife à la date d'icelui.

Et pour ce qui regarde la Nobleffe du Dauphiné & de Savoie, cette réciprocité d'exemption n'aura lieu qu'en faveur de ceux qui feront preuve de Nobleffe & de poffeffion fucceffive dès le commencement de l'année mil fix cent, bien entendu que cette exemption ne concerne que les impôts & tributs royaux, & nullement les charges locales.

A r t. X X I.

Pour cimenter toûjours plus l'union & la correfpondance intime que l'on defire de perpétuer entre les fujets des deux

Cours, le droit d'aubaine & tous autres qui pourroient être contraires à la liberté des successions & des dispositions réciproques restent desormais supprimés & abolis pour tous les États des deux Puissances, y compris les duchés de Lorraine & de Bar.

Art. XXII.

Pour étendre la réciprocité qui doit former le nœud de cette correspondance aux matières contractuelles & judiciaires, il est encore convenu,

Premièrement, que de la même manière que les hypothèques établies en France par actes publics ou judiciaires sont admises dans les Tribunaux de Sa Majesté le Roi de Sardaigne, l'on aura aussi pareil égard dans les Tribunaux de France pour les hypothèques qui seront constituées à l'avenir par contrats publics, soit par ordonnances ou jugemens dans les États de Sa Majesté le Roi de Sardaigne.

En second lieu, que pour favoriser l'exécution réciproque des décrets & jugemens, les Cours suprêmes déféreront de part & d'autre à la forme du Droit, aux réquisitoires qui leur seront adressés à ces fins, même sous le nom desdites Cours.

Enfin que pour être admis en jugement, les sujets respectifs ne seront tenus de part & d'autre qu'aux mêmes cautions & formalités qui s'exigent de ceux du propre ressort, suivant l'usage de chaque Tribunal.

Art. XXIII.

Deux Commissaires principaux, munis des plein-pouvoirs des hautes Parties contractantes, ayant été chargés de l'exécution du Traité, il sera immédiatement par eux procédé au plantement des bornes qui seront jugées convenables pour fixer & constater la limitation convenue, & à tous autres actes & opérations nécessaires pour l'entier accomplissement des articles ci-devant stipulés.

Art. XXIV.

Ces mêmes Commissaires ayant aussi été chargés de faire

lever, fous la direction des Ingénieurs qui les accompagnent, des plans communs du cours du Guyer & du Rhône, pour la portion qui doit faire la limite des deux États, ils feront tracer de concert fur ces mêmes plans la ligne centrale de mi-partition, par le milieu du plus grand cours de ces rivières, en divifant même les ifles qui fe trouveront fur cette direction, & ils y ajoûteront deux lignes latérales qui fervent à déterminer l'alignement des ouvrages défenfifs que l'on pourra oppofer de part & d'autre aux ravages & débordemens de ces rivières ; & quant aux réparations qui exiftent actuellement, ces mêmes Commiffaires font encore autorifés par le préfent Traité, à convenir des changemens & redreffemens à faire pour les ré-duire aux termes d'une jufte défenfe.

A r t.   X X V.

CES opérations devant faire la bafe fondamentale de la limi-tation ci-deffus convenue, le préfent Traité n'aura fon entière force & valeur que lorfqu'elles auront été terminées par le tracement des lignes centrales & latérales dont on vient de parler, & que de ces plans communs qui devront être fignés par les deux principaux Commiffaires & par les Miniftres plé-nipotentiaires qui auront figné au préfent Traité, l'un aura été remis entre les mains du feigneur Duc de Choifeul, & l'autre aura été parcillement remis entre les mains du feigneur Che-valier Offorio, le tout par le miniftère des Ambaffadeurs ref-pectifs réfidans aux Cours de Verfailles & de Turin ; & on laiffe à l'examen des mêmes Commiffaires, fi ces opérations feront néceffaires & praticables, en tout ou en partie, pour les por-tions limitrophes du Var & de l'Efteron, dont ils traceront la ligne de divifion de la manière qui leur paroîtra la plus convenable.

A r t.   X X V I.

LE préfent Traité fera ratifié, & les ratifications expédiées en bonne & dûe forme en feront échangées dans le terme de fix femaines, ou plus tôt, fi faire fe peut, à compter dès la

rémiſſion réciproque des plans communs. Il ſera enſuite en-
regiſtré dans toutes les Cours ſupérieures des deux États, pour
qu'elles en faſſent obſerver le contenu dans ce qui peut les
concerner.

Art. XXVII.

LES habitans & ſujets des diſtricts & lieux ci-deſſus réciproquement cédés, ſont diſpenſés par le préſent Traité, des
ſermens de fidélité, foi & hommage qu'ils ont ci-devant prêtés
à leurs Souverains reſpectifs, leſquels ſermens demeureront
nuls & de nulle valeur; & dans le terme de ſix ſemaines après
que les ratifications auront été échangées, les ordres ſeront
donnés & les arrangemens pris de part & d'autre, pour que
chacun des Souverains reſpectifs entre immédiatement en poſſeſſion des diſtricts & lieux ci-deſſus réciproquement cédés.

En foi de quoi, nous Miniſtres plénipotentiaires de Sa Majeſté
Très-Chrétienne & de Sa Majeſté le Roi de Sardaigne, avons
ſigné le préſent Traité, & y avons fait appoſer le cachet de
nos armes. FAIT à Turin le vingt-quatrième mars mil ſept
cent ſoixante.

Signé CHAUVELIN.   *Signé* OSSORIO.

(L. S.)   (L. S.)

ARTICLE SÉPARÉ.

QUOIQUE pour aſſurer & conſtater toûjours plus la limitation convenue, on l'ait déſignée à toutes meilleures fins ſur
les cartes de la négociation; cependant, comme ces mêmes
cartes n'ont pú être exactement levées en meſure, & qu'il
pourroit auſſi arriver qu'il y eût quelque différence dans les
dénominations, l'on eſt convenu que ſi, dans l'exécution de
cette limitation, les Commiſſaires principaux reconnoiſſent
quelque redreſſement à faire ou quelques dénominations à rec-
tifier, ſans toucher à la baſe & à la ſubſtance des articles convenus, ils pourront le faire dans les cartes & verbaux de la
limitation, de la manière la plus conforme à l'eſprit de ce
règlement de limites, & ils en informeront de concert les

Miniſtres des deux Cours, & ceſdites cartes & verbaux de
limitation, ſignés par les deux principaux Commiſſaires, & enſuite par les deux Miniſtres plénipotentiaires, en vertu de leurs
plein - pouvoirs, auront la même force & valeur que s'ils
étoient inférés dans le Traité.

Quoique par l'article VII du Traité l'on ſe rapporte à la
limitation actuelle entre le Dauphiné & la Maurienne, toutefois comme cette limitation ne ſe trouve pas dirigée par les
ſommités des eaux pendantes entre Vaujani & Saint-Colomban-
des-Villards, elle ſera rectifiée & réglée comme celle des
hautes Alpes, en donnant au Roi de Sardaigne un équivalent
ou correſpectif équitable, pour le droit qu'il a d'avancer ſur
les eaux pendantes de cette partie de Loiſant, dépendante du
Dauphiné.

CET article ſéparé aura la même force que s'il étoit inféré de
mot à mot dans le traité général concernant les limites, ſigné
cejourd'hui.

En foi de quoi, nous Miniſtres plénipotentiaires de Sa Majeſté
Très-Chrétienne & de Sa Majeſté le Roi de Sardaigne, avons
ſigné le préſent article ſéparé, & y avons fait appoſer le cachet
de nos armes. FAIT à Turin le vingt - quatrième mars mil
ſept cent ſoixante.

Signé CHAUVELIN.   *Signé* OSSORIO.

(L. S.)   (L. S.)

L OUIS, PAR LA GRACE DE DIEU, ROI
DE FRANCE ET DE NAVARRE: A tous ceux
qui ces préſentes lettres verront, SALUT. Comme nous
ne deſirons rien plus ſincèrement que d'entretenir
la parfaite amitié & correſpondance qui ſubſiſte heu-
reuſement entre nous & notre très-cher & très-amé
Frère & Oncle le Roi de Sardaigne, en qui nous avons
eu la ſatisfaction de trouver les mêmes diſpoſitions &

les mêmes fentimens, Nous fommes convenus, avec notredit Frère & Oncle, de terminer par un règlement général & définitif tous les différends qui fe font déjà élevés, & de prévenir ceux qui pourroient naître dans la fuite entre nos Sujets, à l'occafion des limites des deux États, & d'avifer en même temps à tout ce qui peut fervir à maintenir toûjours plus, & perpétuer entre les mêmes Sujets l'union & la correfpondance la plus parfaite, Nous confiant entièrement en la capacité & expérience, zèle & fidélité pour notre fervice, de notre cher & bien amé le fieur Marquis de Chauvelin, Lieu-tenant général de nos armées, Commandeur & Grand-croix de notre Ordre royal & militaire de Saint-Louis, Maître de notre garde-robe, & notre Ambaffadeur auprès de notre Frère & Oncle le Roi de Sardaigne: POUR CES CAUSES, & autres confidérations à ce nous mouvant, Nous avons commis & ordonné ledit fieur Marquis de Chauvelin, & par ces préfentes, fignées de notre main, le commettons & ordonnons, & lui avons donné & donnons plein-pouvoir, com-miffion & mandement fpécial, pour, en notre nom, & en qualité de notre Miniftre plénipotentiaire, con-venir avec le Miniftre plénipotentiaire de notredit Frère & Oncle le Roi de Sardaigne, pareillement muni de plein-pouvoirs en bonne forme, conclure & figner tels traités, articles & conventions que ledit fieur Marquis de Chauvelin avifera bon être, relativement aux objets ci-deffus. Promettant en foi & parole de Roi, d'avoir agréable, tenir ferme & ftable à toûjours, accomplir & exécuter ponctuellement ce que notredit Miniftre aura promis & signé en vertu du présent plein - pouvoir, & sans jamais y contrevenir, ni permettre qu'il y soit contrevenu, pour quelque cause ou sous quelque prétexte que ce puisse être, comme aussi d'en faire expédier nos lettres de ratification en bonne forme, pour être échangées dans le temps dont il sera convenu : CAR TEL EST NOTRE PLAISIR. En témoin de quoi nous avons fait mettre notre sceau secret à cesdites présentes lettres. DONNÉ à Versailles le douzième jour de février, l'an de grace mil sept cent soixante, & de notre règne le quarante-cinquième. *Signé* LOUIS. *Et plus bas,* Par le Roi. *Signé* LE DUC DE CHOISEUL.

CHARLES EMMANUEL, par la grace de Dieu, Roi de Sardaigne, de Chypre & de Jérusalem ; Duc de Savoie, de Montferrat, d'Aoste, de Chablais, de Génevois & de Plaisance ; Prince de Piémont & d'Oneille, Marquis d'Italie, de Saluces, de Suze, d'Yvrée, de Ceve, du Maro, d'Oristan & de Sezane ; Comte de Maurienne, de Genève, de Nice, de Tende, de Romont, d'Ast, d'Alexandrie, de Gocean, de Novarre, de Tortonne, de Vigevano & de Bobbio ; Baron de Vaud & de Faucigny, Seigneur de Verceil, de Pignerol, de Tarentaise, de la Lumelline & de la vallée de Sesia ; Prince & Vicaire perpétuel du saint Empire en Italie, &c. A tous ceux qui ces présentes lettres verront, SALUT. Ne desirant rien tant que de maintenir & de resserrer de plus en plus la parfaite amitié & intelligence qui subsistent heureusement entre nous & notre très - cher & très-amé Frère & Neveu le Roi Très-Chrétien, &

d'ôter tout ce qui pourroit y devenir un obstacle, & ayant la satisfaction de savoir que notredit Frère & Neveu est dans les mêmes dispositions & les mêmes sentimens, Nous avons cru que rien ne remplissoit mieux ces vûes, que de convenir d'un règlement général & définitif, qui termine tous les différends qui sont nés entre nos Sujets à l'occasion des limites des deux États, & qui prévienne encore ceux qui pourroient naître dans la suite, en avisant en même temps à tout ce qui peut servir à cimenter de plus en plus, & à perpétuer une parfaite union & correspondance entre les mêmes Sujets, Nous confiant entièrement en la capacité & expérience, zèle & fidélité du Chevalier Dom Joseph Ossorio, notre Ministre & premier Secrétaire d'État pour les affaires étrangères, Nous l'avons nommé, commis & député, & par les présentes, signées de notre main, le nommons, commettons & députons, & lui avons donné & donnons plein-pouvoir, commission & mandement spécial, pour, en notre nom, & en qualité de notre Ministre pléni-potentiaire, convenir, avec le Ministre plénipotentiaire de notredit Frère & Neveu le Roi Très-Chrétien, pareillement muni de plein-pouvoirs en bonne forme, conclure & signer tels traités, articles ou conventions que ledit Chevalier Dom Joseph Ossorio avisera bon être, relativement aux objets ci-dessus. Promettant en foi & parole de Roi, d'avoir agréable, tenir ferme & stable à toûjours, accomplir & exécuter ponctuellement ce que notredit Ministre aura promis & signé en vertu du présent plein-pouvoir, sans jamais y contrevenir, ni permettre qu'il y soit contrevenu directement ou

indirectement,

indirectement, pour quelque caufe ou fous quelque pré-texte que ce foit ; comme auffi d'en faire expédier nos lettres de ratification en bonne forme, pour être échangées dans le terme dont il fera convenu. En témoin de quoi nous avons figné les préfentes de notre main, & fait contre-figner par notre premier Officier du bureau d'État des affaires étrangères, Charles Flamin Raiberti, & à icelles fait appofer le fceau fecret de nos armes. DONNÉ à Turin le vingt-deuxième jour de mars, l'an de grace mil fept cent foixante, & de notre règne le trente-unième. *Signé* CHARLES EMMANUEL. *Et plus bas,* RAIBERTI.

NOUS PIERRE BOURCET, Maréchal des camps & armées de Sa Majefté Très-Chrétienne, & Directeur général des fortifications des places du Dau-phiné; Et nous JEAN-JOSEPH FONCET, Baron de Montailleur, Seigneur de la Tour, Confeiller d'État de Sa Majefté le Roi de Sardaigne, Commiffaires principaux, députés par nos Souverains refpectifs, pour l'entière exécution du règlement général de limites, conclu entre les deux Cours par traité du 24 mars dernier, déclarons & certifions qu'en vertu des plein-pouvoirs que nous nous fommes réciproquement communiqués, fous la date des 6 & 9 février proche paffés, & à teneur de l'article XXIV dudit traité, nous avons commencé par faire lever, fous la direction de M.^{rs} les Ingénieurs qui nous ont accompagnés, des plans communs du cours du Rhône & du Guyer, pour les portions qui doivent faire la limite des deux États; lefquels plans ont auffi été par nous fignés & fcellés du cachet de nos armes, après y avoir fait tracer, par les mêmes Ingénieurs, les lignes centrales de mi-partition qui doivent former, dans cette partie, le point de divifion, par le milieu du plus grand cours de ces rivières, déjà indiqué par des flèches, & fucceffivement les lignes latérales qui doivent déterminer l'alignement des ouvrages défenfifs qu'il fera loifible de faire de part & d'autre pour la confervation des bords; le tout fous les explications & modifications fuivantes.

Premièrement. Que la ligne centrale de mi-partition ayant été fixée par le milieu du plus grand cours actuel de ces rivières, elle deviendra néceffairement fujette aux variations de ce même cours qui à teneur des articles I & II du Traité, doit former deformais la limite naturelle des deux États, fans que toutefois ces variations puiffent, fuivant l'efprit du même Traité, porter atteinte aux droits & poffeffions des communautés, des vaffaux & des particuliers.

En fecond lieu. Quoiqu'en plufieurs endroits les lignes latérales défignent non feulement la direction, mais encore l'endroit même des réparations à faire de part & d'autre, l'objet principal de ces lignes eft néanmoins de déterminer l'alignement fuivant lequel chacun pourra fe réparer, bien entendu que l'on ne pourra travailler de part & d'autre que fur fon propre bord, hors que pour caufe de quelques finuofités, ou pour arrêter & fermer quelques ouvertures ou irruptions, l'on ne fût obligé d'avancer dans le lit de ces rivières, en le faifant toutefois fuivant la direction convenue, & fans détourner ou gêner leur cours naturel.

Troifièmement. Quoique ces lignes latérales aient pour objet de déterminer l'alignement des ouvrages défenfifs qui pourront être faits de part & d'autre, si cependant par quelques cas & évènemens imprévûs, ou pour d'autres motifs, une des deux Cours croyoit nécessaire ou plus à propos de se réparer sous une autre direction, l'on pourra, suivant les circonstances, en traiter & convenir par le moyen des Ingénieurs qui seront à ces fins députés.

Quatrièmement. Pour ce qui regarde la partie du Guyer dès le territoire de Romagnieux jusqu'au Rhône, nous n'avons pas cru devoir déterminer dans cet endroit, comme ailleurs, la ligne centrale par le milieu du plus grand cours actuel, attendu que pour la partie supérieure au pont de Saint-Genis, l'on est convenu par l'article III du Traité d'assujétir à frais communs le Guyer à couler sous ce pont par le moyen d'un nouveau canal dont nous avons fait tracer le parallèle sur la carte du cours du Guyer, lequel servira en même temps à désigner la direction des ouvrages qu'on pourra être dans le cas de faire dans la suite pour entretenir la rivière sous ce pont, dont la première arcade du côté de Saint-Genis ne peut par sa situation servir à l'écoulement des eaux, & ne devra partant être regardée que comme faisant partie de la culée de ce pont par rapport à sa direction trop oblique qui occasionneroit une incidence dangereuse sur le bourg de Saint-Genis & une réflexion également préjudiciable aux bords de France.

Cinquièmement. Que pour prévenir les dommages dont est menacée la rive de France au dessous dudit pont par le prochain entonnement des eaux, il sera loisible de la réparer dans le même temps, suivant la direction de la ligne latérale tracée dans cette partie, & successivement suivant celle de la ligne centrale & commune tirée de-là jusqu'au Rhône, bien entendu qu'à la part de Savoie l'on pourra aussi se réparer suivant les mêmes directions.

Sixièmement. Comme il a été reconnu que le tirage pour la navigation du Rhône, à la hauteur d'Hyenne, ne peut par la disposition du terrein être pris sur la rive de France, & que cette même rive est à couvert de tous dangers par sa solidité dès l'entrée de la gorge de Pierre-Châtel jusqu'au dessous du château Bochard, nous n'avons trouvé aucun inconvénient à laisser subsister les digues de Richardon, & à ce que le Roi de Sardaigne fasse même fermer les brassières de ce nom, s'il le juge nécessaire pour la conservation de la ville & territoire d'Hyenne, en tant cependant que par la disposition des ouvrages que l'on feroit construire pour cet objet, la navigation & la liberté du tirage ne se trouveroient point contrariées ni embarrassées.

Septièmement. Pour ce qui regarde la partie du Guyer-vif, supérieure au pont de Saint-Martin, comme elle n'exige aucune réparation pour être presque entièrement encaissée dans des rochers, nous n'avons pas cru devoir en désigner la direction par des lignes latérales, non plus que pour la portion du cours du Rhône, qui dès l'entrepôt du parc remonte jusqu'au territoire de Genève.

Et pour ce qui concerne les digues existantes sur ces mêmes rivières, celles qui nous ont paru rébelles & dans le cas de quelques démolitions ou redressemens pour être remises aux termes d'une juste défense, se réduisent aux suivantes.

1.° A l'avant-bec lié à la culée du pont des Échelles sur le Guyer, à la part de Savoie, qui comme évidemment offensif se trouve dans le cas d'être démoli avec liberté de le rétablir suivant la direction de la ligne latérale tracée dans cette partie.

2.° Dans la visite que nous avons faite du cours du Rhône, nous avons reconnu que les deux digues faites à la part de Savoie vis-à-vis le territoire de Cordon, forment aussi dans leurs extrémités des angles saillans qui doivent être rectifiés en les faisant plier au terrein, & que la digue supérieure forme dès son milieu un rentrant qui exige que la ligne inférieure de l'angle soit reculée à son extrémité de dix à douze toises.

3.° En remontant ce fleuve, nous avons aussi reconnu que dans des bois appartenans à la Chartreuse de Pierre-Châtel sur la rive droite il se trouve différentes digues, soit réparations rébelles qui dégradent notablement le territoire de la Balme sur la rive gauche, & qui sont partant dans le cas d'être enlevées & rectifiées.

4.º La digue conſtruite à la tête du même village de la Balme nous a auſſi paru offenſive, & par conſéquent dans le cas d'être redreſſée & collée au terrein.

5.º Nous avons trouvé à la hauteur du village de Rive, à la part de France, deux petites digues dont l'inférieure doit être redreſſée & pliée au terrein, de même que l'extrémité ſupérieure de l'autre qui couvre le ſaillant du terrein de ce même village.

Nous n'avons au reſte trouvé aucun inconvénient à fermer & unir au continent de Savoie les deux petites Iſles qui ſont au deſſous du village de Luccy, & d'en faire de même par rapport à deux autres qui ſont au deſſous du ſuſdit village de Rive & à fermer la petite braſſière qui eſt au deſſous du château Bochard, & il nous a paru néceſſaire de prendre à la part de Savoie des précautions pour garantir le territoire d'Étein de l'irruption dont le Rhône le menace entre deux rochers qui ſont à la hauteur de ce village.

6.º La nouvelle digue établie près de Landaiſe nous a auſſi paru être dans le cas d'être détruite, parce qu'elle ſe trouve trop en avant de la ligne latérale tracée dans cette partie.

7.º La digue qui eſt au deſſous du village de Bourcin, à la part de France, comme extrêmement préjudiciable aux terres de la Choutagne doit être entièrement détruite auſſi-bien que le reſte d'une autre un peu ſupérieure à celle-là, & l'on en doit faire de même d'une petite digue déjà en partie démolie au deſſous du village de Piccollet à la part de Savoie.

Pour ce qui concerne la grande digue de Choutagne, ayant pris en conſidération qu'il s'agit d'un ouvrage très-conſidérable fait depuis pluſieurs années & exécuté ſans aucune oppoſition, nous n'avons pas cru qu'il dût être entamé par la ligne latérale qui, par ſa direction dès le rocher de Piccollet juſqu'au Môlard de Vion, ne touche point à cette digue.

Et pour que les redreſſemens & démolitions dont on eſt convenu, ſoient exécutés de concert & d'un pas égal, l'on y procédera de part & d'autre dès le premier Octobre prochain, temps auquel les eaux ſont ordinairement baſſes, & l'on ſe réglera pour le rétablissement de ces digues, de même que pour la construction des nouvelles, par la direction des lignes latérales tracées à ces fins sur les cartes susdites.

Après avoir examiné & donné toutes les dispositions relatives au cours du Rhône & du Guyer, nous nous sommes occupés de la limitation convenue par les articles IV & V du Traité dès la source du Guyer-vif jusqu'à la rivière de Breda, & comme les neiges & la rigueur de la saison ne nous ont pas permis de faire prendre en mesure le plan des montagnes de l'Harpette & de Granier, que nous avons renvoyé à un temps plus commode, nous nous sommes réduits à faire lever une carte géométrique de la limitation dès le col du Fresne jusqu'à Breda, sur laquelle carte nous avons ensuite fait tracer, par M.rs les Ingénieurs qui en ont eu la direction, la ligne de démarcation convenue dans cette partie, nous réservant d'indiquer, dans l'instruction commune qui sera entre nous concertée pour le plantement des bornes, le nombre, la qualité & la position de celles que nous jugerons convenables dans cette partie, de même que sur les ponts du Rhône & du Guyer.

Et sur les représentations qui nous ont été faites par les Syndics de Belle-Combe, Chaparillan & Apremont, que les bornes plantées en 1673, depuis le col du Fresne jusqu'à Pierre-Achée, servoient à limiter en même temps la possession des Communaux respectifs, nous avons cru qu'on pourroit les laisser subsister pour cet objet seulement, en effaçant toutefois les armoiries qui les pourroient faire confondre à l'avenir avec les limites de Souveraineté.

En réservant au reste à ces mêmes Communautés, de même qu'à celles de Francin, des Marches, & du Mandement d'Avallon & autres limitrophes, tous droits de propriété & de possession qui peuvent respectivement leur appartenir, conformément à l'article XV du Traité, nous avons cru devoir déterminer, sur les instances & réquisitions unanimes des Communautés intéressées à la prairie des Mortes, qui passe entièrement sous la souveraineté de Savoie, que cette prairie sera fauchée le premier jour non fêté après le 10 août, hors que ces mêmes Communautés ne jugent plus à propos de convenir chaque année, suivant les faisons, d'un autre jour plus commode, auquel cas elles se rendront, le dimanche précédent, sur cette même prairie, pour s'entendre à cet égard; & en cas de discordance, le jour ci-devant déterminé subsistera sans autre.

Le lit de la rivière de Breda, pour la partie qui coule le long du vallon de Saint-Hugon jusqu'à la montagne du Charnier, étant resserré & invariable, il ne nous a pas paru nécessaire d'en faire lever la carte, & moins encore d'y faire les opérations pratiquées pour les autres rivières de Savoie.

Quant à la limitation actuelle entre le Dauphiné & la Maurienne, comme elle est déterminée par la sommité des hautes Alpes, qui font pour la plûpart inaccessibles, & ne forment d'ailleurs aucun point de contestation; à l'exception de celle qui existoit entre les territoires de Vaujani & de Saint Colomban, il ne s'agira que de limiter cette partie, conformément à l'article séparé du Traité, dès que la faison pourra permettre d'examiner le local & d'en faire lever le plan.

Et pour ce qui concerne la limitation établie par le Traité d'Utrecht, & par la Convention de 1718, entre le Piémont & le Dauphiné, & successivement entre les vallées de Barcelonette & d'Entraunas, les neiges qui couvrent cette frontière ne nous ayant pas permis de la parcourir, ni même d'en faire faire la visite par des Ingénieurs, dès que cet obstacle fera levé, nous nous réfervons de donner les dispositions convenables pour faire réparer & rétablir, à teneur de l'article VII du Traité, les bornes caduques ou manquantes dans cette partie, qui pourra fournir matière à l'équivalent stipulé par l'article féparé du même Traité.

Des frontières de Savoie, nous nous fommes rendus sur celles de Provence & de Nice, & nous avons reconnu par nous-mêmes, & par le rapport des Ingénieurs qui nous ont accompagnés, que la limitation convenue dans cette partie, par les articles VIII & IX du Traité, étoit convenable & régulière à tous égards, de forte que par l'infpection du local, il ne nous a pas paru qu'il y eût aucun redressement ou rectification à faire à ce fujet dans les expreſſions du Traité ; nous réſervant d'indiquer pour cette partie, tout comme pour la vallée de l'Isère, le nombre & la poſition des bornes néceſſaires pour fixer & conſtater cette limitation dès la montagne de l'Encombrette juſqu'au ruiſſeau du Riolan, & de-là juſqu'à l'Eſteron.

La carte de l'Eſteron & du Var, depuis le Riolan juſqu'à la mer, ayant été levée par les ordres de Sa Majeſté le Roi de Sardaigne, il nous a paru qu'elle pouvoit ſervir pour la ligne de mi-partition de ces rivières, que nous y avons partant fait tracer par le milieu de leur plus grand courant, après en avoir fait vérifier les principales poſitions, au moyen de quelques opérations géométriques, leſquelles s'étant trouvées conformes à celles qui avoient été faites pour la levée de ladite carte, nous en ont fait adopter les détails & les expreſſions dans cette étendue.

Quant aux lignes latérales, tendantes à déterminer les ouvrages défenſifs qui pourroient être oppoſés de part & d'autre aux débordemens de ces rivières, nous avons obſervé que l'Eſteron étant bordé d'eſcarpemens qui ne peuvent être entamés par aucune irruption, le motif & l'objet des lignes latérales ceſſent pour cette partie.

Et pour ce qui concerne le Var, nous n'avons pas cru que l'on puiſſe prendre d'autres points de direction plus naturels, pour ſe réparer contre cette rivière, que le parallèle des rideaux qui la bordent de part & d'autre, & ſuivant lequel il ſera loiſible à un chacun de défendre les Iſles, preſqu'Iſles ou autres terreins expoſés aux ravages du Var ; pour regard duquel il ne nous a partant pas paru néceſſaire, ni même convenable de tracer d'autres lignes latérales.

Après avoir ainſi parcouru & reconnu toutes les parties de la limitation, dont la ſaiſon & la diſpoſition du terrein nous ont permis l'accès, nous nous ſommes tranſportés dans cette ville, pour en rendre compte aux Miniſtres plénipotentiaires des deux Cours, & pour traiter & convenir, ſous leur autorité, de quelques points relatifs à notre commiſſion, de la manière ſuivante.

Et,

Et, *premièrement,* il a été convenu que pour prévenir toutes difcuſſions ſur la perception des revenus, tributs & impôts de l'année courante, chaque Puiſſance aura la totalité de ceux des terres qu'elle acquiert par le Traité, en ſe faiſant raiſon mutuellement pour les parties perçûes avant l'échange conſommé.

En ſecond lieu. Que par rapport aux dettes des Communautés échangées, elles ſe trouvent affranchies, par l'article X du Traité, des dettes communes de la province & de l'État dont elles ſont démembrées; mais comme elles reſtent dans l'obligation d'acquitter leurs dettes particulières, les Souverains procureront efficacement l'acquit réciproque de ces dettes; & quant à celle de la vallée de Cheſery envers la ville de Chambery & la province de Savoie, vû l'inſuffiſance de ladite vallée, cette dette qui, par ſentence de la délégation établie à ces fins, vient d'être réduite à quarante mille cinq cens vingt-cinq livres quatorze ſols trois deniers de Savoie, ſera modérée à vingt mille livres, même monnoie, pour l'acquit de laquelle ſomme ſeront pris les termes & les meſures les plus convenables pour finir au plus tôt cette affaire.

Troiſièmement. Que les Notaires des communautés échangées, ſeront réciproquement confirmés ſans frais pour pouvoir continuer l'exercice de leur profeſſion dans ces mêmes terres.

Quatrièmement. Que les Miliciens deſdites communautés ſeront reſpectivement rendus, & que les particuliers qui jouiſſent du droit d'aſile ſeront avertis un mois avant l'exécution de l'échange.

Cinquièmement. Que l'époque du commencement du travail commun à faire ſur les bords du Guyer pour entonner les eaux ſous le pont de Saint-Genis, eſt fixé au premier octobre prochain, pour être terminé dans le terme de deux ans, ou plus tôt, ſi faire ſe pourra; & que cet ouvrage ſera fait par entrepriſe, dont l'adjudication ſera paſſée & expédiée en commun par ceux qui ſeront délégués à ces fins, & que les corvées à bras ſeront reſpectivement fournies par les paroiſſes riveraines, ſavoir, celles qui ſeront néceſſaires à la part de Savoie par les

D

communautés de ce duché , & celles de la part du Dauphiné par les communautés de cette province.

Sixièmement. Que l'on nommera de part & d'autre des perſonnes inſtruites pour venir reconnoître & recevoir dans les Archives reſpectives les titres & documens des pays échangés par ce Traité & par les précédens.

Septièmement. Que les Cadaſtres ou Parcelaires des communautés échangées, feront remis de part & d'autre le plus tôt poſſible pour la perception des tributs; & quant aux communautés qui ſouffrent quelques démembremens par l'échange, les mêmes Délégués que nous députerons pour la priſe de poſſeſſion arbitreront par les voies qui leur paroîtront les plus équitables, & ſuivant la qualité & l'étendue des terreins démembrés, la portion de tributs qui doit proviſionnellement être payée à chaque Souverain juſqu'à ce qu'on puiſſe en venir à cet égard à des opérations & arrangemens plus particuliers.

Huitièmement. Quant au paſſage du Var dont la facilité & la ſûreté intéreſſent eſſentiellement le commerce & les communications que les deux Cours ont également en vûe, nous avons pris connoiſſance ſur les lieux, tant par l'inſpection des titres primordiaux que par le contradictoire des Conſuls de Nice & de Saint-Laurent, des obligations de cette dernière communauté, laquelle a même convenu par-devant nous, qu'outre l'entretien d'un hôpital à ſix lits, elle étoit en outre tenue à celui d'une barque avec les Guayeurs néceſſaires pour le paſſage du Var, ſans pouvoir rien recevoir pour ce regard, même à titre d'aumône, conformément à l'acte d'emphitéoſe & d'habitation du 16 mai 1468, & à la ſentence arbitrale, ſoit tranſaction paſſée avec l'évêque de Vence en l'année 1485.

Mais cette communauté nous a repréſenté dans le même temps que les dégâts du Var, les malheurs des temps & les droits réſervés à l'évêché de Vence par la même tranſaction, la mettoient hors d'état de ſatisfaire à toutes ces charges.

Sur quoi nous avons conſidéré que l'objet le plus urgent & le plus intéreſſant pour le bien de cette frontière étant de faciliter & d'aſſurer le paſſage du Var d'une manière compatible avec les forces de la communauté de Saint - Laurent suivant l'état présent des choses, le moyen le plus équitable seroit de pourvoir au prompt rétablissement de la barque dans le plus gros bras & d'un nombre suffisant de Guayeurs pour le passage des autres, moyennant un droit modéré qui seroit payé par ceux qui voudroient s'en servir, à l'exception toutefois des pauvres & des pélerins ; & en cas que l'entretien de la barque & des Guayeurs devînt sur ce pied trop onéreux à cette communauté au point qu'elle ne pût fournir aux frais de l'hôpital, elle pourroit, en vérifiant le fait, recourir pour une équitable réduction de cette charge, sans préjudice toutefois des obligations de l'évêque de Vence , qui peuvent résulter des titres ci - devant énoncés.

Et ces tempéramens ayant été approuvés par les Ministres plénipotentiaires des deux Cours, nous avons déterminé, sous le bon plaisir des Souverains respectifs, pour faire cesser les abus & prévenir les accidens qui surviennent chaque jour par rapport au passage du Var.

1.° Que la communauté de Saint - Laurent fera rétablir au plus tôt la barque, comme elle existoit ci - devant, sur le plus grand bras du Var ; & dans le cas que les variations de la rivière l'obligeroient à changer la position de la barque, elle en préviendra les Consuls de Nice, en les informant de l'endroit où elle croira plus convenable de planter le poteau nécessaire à cet égard, ce qui devra se faire dans le lieu le plus commode pour le passage, & le moins préjudiciable au territoire de Nice.

2.° Que ladite Communauté nommera, si fait n'a été, douze Guayeurs pour le passage du Var, les plus propres & les plus experts dans cette fonction, parmi lesquels elle choisira le plus capable pour avoir inspection sur les autres, & pour répondre de leur négligence ou malversations, s'il n'en instruit sur le champ les Consuls dudit lieu, qui seront chargés de prendre les mesures convenables pour assurer la preuve du délit, & pour faire même arrêter les délinquans dans les cas graves.

3.° Lesdits Guayeurs se tiendront sur le passage de la rivière , depuis le lever jusqu'au coucher du soleil, au nombre de quatre, savoir, deux sur un bord & deux sur l'autre, pour indiquer fidèlement les gués aux passagers.

4.º Ces mêmes Guayeurs seront tenus de sonder les gués de toutes les branches de la rivière, chaque matin, & même dans la journée, s'ils peuvent s'apercevoir qu'il soit survenu quelques changemens dans le cours d'icelle par la crûe des eaux ou autrement ; & après avoir ainsi reconnu les gués, ils y planteront des piquets auxquels ils attacheront des fascines pour indiquer le passage le plus sûr & le plus commode, bien entendu que la fourniture de ces piquets, des bois & autres choses nécessaires, tant pour la barque que pour les cabanes qui doivent mettre les Guayeurs à l'abri sur les bords de la rivière, sera à la charge de ladite communauté de Saint-Laurent.

5.º Les Guayeurs seront toûjours vêtus décemment avec des caleçons ou ceintures, & ne pourront, sous les plus grièves peines, passer les voyageurs, lorsqu'il y aura du danger, dont ils seront partant obligés de les avertir, & de rester à ces fins sur les bords de la rivière.

6.º Lesdits Guayeurs seront obligés de passer gratuitement les pauvres & les pélerins, sans pouvoir rien recevoir d'eux à quel titre & sous quelque prétexte que ce puisse être.

7.º Il sera loisible à un chacun de ne pas se servir des Guayeurs, ou d'en prendre tel nombre qu'il desirera, & ceux-ci seront tenus de servir exactement & promptement les voyageurs qui les requerront, moyennant un salaire qui ne pourra excéder six sols, argent de France, même dans les plus grandes crûes d'eau, pour chaque Guayeur qui aura été demandé, y compris le passage de la barque qui doit être gratuit.

Et sur ce qui nous a été représenté par la communauté de Saint-Laurent, qu'elle prétendoit avoir droit sur quelques isles & terreins situés en deçà du grand cours actuel du Var, nous avons déclaré qu'attendu que les arrangemens du Traité réservent expressément les droits des Communautés & des particuliers, cette prétention & les titres qui peuvent la regarder, seront examinés de concert par les personnes qui seront députées pour nous en faire le rapport.

Enfin il a été convenu que, par rapport aux conteftations
de communaux & pâturages, exiftantes entre les communautés
du Montgenèvre & Cézanne, Plampinet & Mélezet, de même
que pour celles qui pourront s'élever à l'occafion de la préfente
limitation, nous prendrons auffi de concert par nous-mêmes,
ou par le moyen de nos Subdélégués, les éclairciffemens &
les voies convenables pour les terminer, conformément à l'article XV du Traité, afin d'étouffer tout germe de conteftations
entre les fujets refpectifs.

M. l'Évêque de Glandève ayant obtenu du Roi Très-Chrétien, par patentes du 3 décembre 1757, la permiffion de
bâtir un féminaire auprès de fa maifon épifcopale, & d'y réunir
des bénéfices de fon diocèfe jufqu'à mille livres de revenu, il
auroit pour cette fin jeté les yeux fur le prieuré de Guilleaume;
mais comme cette ville paffe par l'échange fous la domination
de Sa Majefté le Roi de Sardaigne, ce projet ne peut être
exécuté fans fon agrément; & pour l'obtenir, il a repréfenté
que l'établiffement dont il s'agit, intéreffe également les fujets
de Sadite Majefté, qui forment même la partie la plus confi-
dérable de ce diocèfe, & qu'il n'y a pas à la part de la France
d'autres bénéfices fufceptibles de la réunion propofée.

Sur quoi Sadite Majefté, ouï le rapport de cette affaire, s'eft
montrée favorablement difpofée pour les vûes de M. l'Évêque,
en tant que le fervice local & paroiffial de Guilleaume n'en
fouffriroit pas, ou qu'il ne fe trouveroit pas réduit par-là à un
revenu trop modique, le droit du tiers étant au refte toûjours
cenfé réfervé.

Au moyen des opérations & des difpofitions énoncées dans
le préfent verbal, nous avons lieu de croire d'avoir pourvû,
autant qu'il a dépendu de nous, à tout ce qui peut regarder
l'exécution immédiate du Traité; & pour ce qui concerne les
arrangemens ultérieurs à prendre pour le porter à fa finale exécution, nous nous réfervons d'y pourvoir, tant par le moyen
de l'inftruction commune qui fera concertée pour le plantement
des bornes & la prife de poffeffion des terres échangées, que

par les autres voies qui, fuivant les occurrences, nous paroîtront les plus convenables.

Et en foi de ce nous avons figné deux copies authentiques de ce procès-verbal, & y avons fait appofer le cachet de nos armes, afin qu'après l'approbation des Miniftres plénipotentiaires & la ratification des Souverains refpectifs, il foit regardé, de même que les cartes auxquelles il fe rapporte, comme faifant partie du Traité, pour fervir de règle commune & irréfragable pour l'avenir; à quelle fin nous avons auffi fait faire deux copies defdites cartes par nous fignées & fcellées comme deffus, & nous les avons fait cotter, favoir, celles du cours du Rhône par les lettres *A* & *B*, celle du Guyer par la lettre *C*, celle de la vallée de l'Isère par la lettre *D*, & celles de la frontière de Provence & de Nice par les lettres *E* & *F*. FAIT à Turin le vingt-neuf mai mil fept cent foixante.

Signé BOURCET, Commiffaire principal de Sa Majefté Très-Chrétienne.

(L. S.)

Signé FONCET DE MONTAILLEUR, Commiffaire principal de Sa Majefté le Roi de Sardaigne.

(L. S.)

Nous Miniftres plénipotentiaires ayant ouïs lecture du préfent procès-verbal, en approuvons tout le contenu aux fins qu'après avoir été ratifié par les Souverains refpectifs, il faffe corps du Traité par nous figné le 24 mars proche paffé, & qu'il ait la même force & valeur que s'il y étoit inféré mot à mot. Turin le vingt-neuf mai mil fept cent foixante.

Signé CHAUVELIN.

(L. S.)

Signé OSSORIO.

(L. S.)

Nous, ayant agréables le fufdit Traité, article féparé & procès-verbal, en tous & chacuns les points & articles qui y font contenus & énoncés, les avons, tant pour nous que pour nos héritiers, fucceffeurs, royaumes, pays, terres, feigneuries & fujets, acceptés, approuvés, ratifiés & confirmés ; & par ces préfentes fignées de notre main, acceptons, approuvons, ratifions & confirmons, & le tout promettons en foi & parole de Roi, fous l'obligation & hypothèque de tous & chacuns nos biens préfens & à venir, garder & obferver inviolablement, fans jamais y contrevenir ni permettre qu'il y foit contrevenu directement ou indirectement en quelque forte & manière que ce foit : en témoignage de quoi nous avons fait appofer notre fcel à ces préfentes. DONNÉ à Verfailles le dixième jour de juillet, l'an de grace mil fept cent foixante, & de notre règne le quarante-cinquième. *Signé* LOUIS. *Et plus bas,* Par le Roi, LE DUC DE CHOISEUL.

Scellé du grand fceau de cire jaune, fur lacs de foie bleue, treffés d'or, le fceau enfermé dans une boîte d'argent, fur le deffus de laquelle font empreintes & gravées les armes de France & de Navarre, fous un pavillon royal foûtenu par deux Anges.